진주조개잡이

심지시선 051

진주조개잡이

정원기 시집

시인의 말

삶에서 정말 중요한 것은 내가 갖고 있는 소유물이 아니라 내가 누구인가 하는 것이다.

나는 어떤 예술도 삶과는 비교할 수 없다고 생각했는데, 기실 남루하기 그지없는 삶이야말로 예술 그 자체라고 생각한다. 삶의 과정에서 마음을 키우고 사랑을 키우고 나를 키우며, 여행하며 눈으로 보고 귀로 듣고 냄새로 맛을 보며 어떻게 살 것인가 어떻게 죽을 것인가 생각했다.

십 년에 걸쳐 써놓은 작품 중에서 골라 "진주조개잡이"로 엮어 내놓는다. 세상이 몹시도 어지러운 가운데 출판을 계획하고 보니 마음의 병, 육체의 병에 더하여 세상의 병이 몹시도 마음에 걸린다. 그러나 상처가 아름다운 진주를 만들 듯, "진주조개잡이"가 세상에 나온 후 나의 병도 세상의 병도 쾌유 되었으면 좋겠다.

2024년 겨울
정원기

차례

시인의 말　05

제1부

설달그믐　13
401호 강의실　14
돌미역　16
외로우면 배를 타라　18
낮잠 자는 고깃배　19
대숲　20
남행 시초 – 염전　21
몽산포　22
나룻배　23
아버지나무　24
진달래　26
청학동　27
아버지　28
산사 가는 길　29

제2부

바닥 33
불가마 세상 34
매미 35
진주조개잡이 36
바다의 마음 38
당골네 39
가을빛 40
바위에게 41
목련 지던 날 42
소주 43
선자령 44
인연 45
유월 46
잔교를 건너다 47
청송 묵집 48

제3부

꽃지 51
둘이 쓰는 방 52
스크린도어 53
표지석 54
불면 55
가족 56
몽산포 2 57
어떤 이별 58
예산행 59
첫사랑 60
풍덩 61
하얀 민들레 62
봄비 63
강천산 가는 길 64

제4부

가수원교 69
시름이 고개 70
애기동백 71
아버지 2 72
장마 73
나무와 인연 74
소망 76
풍등 77
그리움 78
새우젓란 79
무량사 5층 석탑 80
바다 81
오토캠핑장에서 하룻밤 82
죽음에 대하여 83

해설 탈 일상의 매혹과 낭만적 동경 | 윤은경 85

제1부

섣달그믐

이제,
다시
볼 수 없다

한 번도
잊은 적
없는데

잊은 것처럼
살아온
오늘들

천 년 그리움의 불씨
깊이,
깊이 감추고

재(灰)의 마지막
봉우리를 넘는
까마귀 한 마리

401호 강의실

나는 이제 말의 일용직 노동자
매일
시(詩)의 공사 현장에 출근한다

낱말 가득 채운 질통 지고 들어서면
새로 낯 익힌
권 씨, 김 씨, 양 씨, 류 씨
벌써 설계도 펼쳐놓고 심각하다

신축인지 증축인지 개축인지 재건축인지
모래와 자갈을 섞고, 물 붓고, 반죽하고
벽돌 쌓고 창문 내고 지붕 올리며 분주하다

질통 속에 숨겨온 내 평생의 비린내도 누린내도
어디서 실낱같이 흘러온 풋내도 꽃향기도
다북다북 섞여드는 시민대학 401호 강의실

완공한 집 한 채 아직 없지만

매일 수십 채의 성채를 지었다 허무는
내 시의 공사 현장

돌미역

한 손에 시퍼런 낫 쥐고, 정씨
미끄러운 갯바위 힘겹게 오른다
물 들기전, 미여밭 갯닦기도 어린 미역 물주기도 마쳐야 한다
집게벌레처럼 업드려
흔들거리는 이끼를 홍두깨 치듯 쳐낸다

서울로 유학 간 막내학비, 타지로 새살림 난 둘째 생활비, 여름 지나면 바꿔야 할 통통배
새 엔진값
망태에 가득 채워야 할 무게들이 갯바위 저 아래 물속에서 춤춘다고
하루 낮 지나고 하루 밤 지나며 허리 각도 조금씩 기울어가도
손주 조막손 같다고 앙증맞은 미역귀 들어보인다

오락가락하던 비 그새 그치고
해종일 굳은 무릎 펴는 정씨

등 뒤 수평선 따라 길게
놀 비낀 구름 한 장 걸려있다

외로우면 배를 타라

풋고추 매운맛처럼 삶이 얼얼할 때, 가까운 이로부터 뒤통수 맞고 터무니없이 나락으로 떨어져 내릴 때, 부서지고 깨어져 세상 어디에도 맘 둘 곳 없을 때,
 한 번도 가본 적 없는 땅끝, 인적(人跡) 넘어 무인도로 떠난다

망망하여라 목 놓아 울면, 메아리로 돌아오는 파도
벌거벗은 채 바다 위를 달려와
갯바위에 제 몸 짓찧고 내리치고 울고 웃고 절규한다
묵묵히 삼킨 찢긴 심장을 비로소 꺼내놓는다

벌거벗은 바다가 벌거벗은 나를 안아 준다
젖은 몸 쓰린 맨발로
말갛게 씻긴 몽돌밭 걷는다

낮잠 자는 고깃배

효자섬 선창가 모줄에 매달려 출렁인다
어젯밤 들어온 배
새벽녘 들어온 배

얇은 햇살 덮고도 깊이 든 늦잠이다
저녁에 나갈 배
새벽에 나갈 배

삭풍도 잠시 쉬어가는 한낮

봄은
언제 오려나

대숲

속이 비어서 제 속에 바람을 지니고 산다

풍막(風幕)을 이쪽저쪽에 걸어놓고, 댓잎 갈며 사운사운, 후두둑 후두둑 빗소리, 솨악 솨아악 폭포소리, 바람물결 적신 채 푸른 잎 세워 임 부르는 소리

가난한 마을을 건너온 주름진 내 이야기도
동트는 대숲 언저리에 와서야 날개를 펴지

엷은 날개 펼쳐 구름 떠난 뒤
무성한 대나무들
한참을 더
길게 가락 뽑는다

남행 시초
– 염전

바람이 머물다간 초여름, 보랏빛으로 하늘 물들고 하얀 풍차가 이국풍으로 서 있습니다

흰 깁처럼 펼쳐진 소금밭 가운데선 허름한 잠방이가 허리를 구부린 채 고모래질을 하고요, 좀 멀리 보이는 갯바닥엔 하얀 머릿수건이 달랑게처럼 납작 엎드려 있습니다

바다 멀리서는 큰 물결 일어 오늘 밤 폭우를 예보하는데, 청바지가 바라보는 염전가 모래밭 해당화 몇 송이가 시나브로 꽃잎을 접습니다

한 번도 와본 적 없는 낯선 풍경, 한 번도 살아보지 못한 낯선 삶의 일인데도 그 모두가 내 것인 양 정답습니다

소금산을 지나온 바람 맛이 어땠는지는 기억에 없습니다

그대 없이 가는 내 생애의 쓸쓸한 외곽, 하드 커버의 동화책 겉장을 조용히 덮습니다

몽산포

어제도 오늘도 바다는
뭍과 싸움질 중이다

한 번 안아보지도 못한 채
밀어 보내고 밀치어 보내다
제 가슴만 돌돌 감아 안는 파도

파란 소나무 숲 아래
하루를 살기 위해 집을 짓는다

돌아누운 그대 살포시 당기면
애닳아
숨 가쁜 모래 언덕길,

손끝만 스치는 몽산,
몽산
꿈에도 몽산 못 벗어난다

나룻배

송아지처럼 말뚝에 매여 산다
밤이면 강물을 지키느라 고단하다

살아온 길, 출렁
살아갈 물, 출렁

살아온 날의 이야기들
뱃전을 맴돌다
바람처럼 날려간다

아버지나무

외롭고도 쓸쓸한 병원 뒤편, 낡은 벤치에 자주 그림자를 뉘이는 자작나무여
언제부턴가 그대를 아버지나무라고 부르고 싶었다

시아버지의 대소변 받아 내는 젊은 며느리의 무심한 사설을, 형제자매도 찾지 않는 병실을, 입가를 흘러내리는 미음을, 미쳐버린 폭우를 한 광주리 엮어 벤치에 호젓하니 내려놓으면,
뾰족하게 날선 마음의 미운 그림자를, 둘 데 없이 피로한 마음을 여지없이 들켰다

네 발굽 치달아 도망쳐버리고 싶을 때도,
무슨 말인가 그 무슨 말인가
우수수 잎사귀 떨구며 만류하던 당신

긴 병 끝 서러운 하늘길 배웅하고 돌아설 때도, 보아라, 상처란 그렇게 몸을 이루는 거라고, 그게 사랑의 다른 이름이라고, 눈으로 가만히 토닥여주던 당신

고요한 눈동자 하나 두 손에 받쳐 든 성자여, 아버지 나무여

진달래

나, 여기 서 있네
바람 흐르듯

저 빛은 누구의 것인가
진달래 만발한 산

꽃바람 부는데
이별해야 하나

아름다운 네 웃음 두고
먼 길 가야 하나

청학동

하늘과 맞닿은 지리산
삼신봉 처마 끝
아름다운 구름그림자

구도자들의 삼성궁
천삼백 개 돌탑, 솟대 삼은 소도
환인, 환웅, 단군왕검을 모시고
한풀선사가 감춘 진실이 침묵한다

수행자는 보이지 않고
찻집 아사달, 천궁은 폐허가 되어간다

백 근 돌덩이를 들어올렸다는 한풀선사
그가 감춘 진실은 무엇이었을까

아버지

6.25의 칼바람에 넘어진 아버지 는 다섯 살 되던 해
섣달 초여드렛날 밤
까마득한 밤길을 걸어서
은하수 빛이 되셨지

— 저 어린것을 두고 집 떠나는 날 신발은 챙겨 신고는 가셨나요?

밤마다 퍼올리던 아버지 체온
내 나이 예순이 넘어
예산 추모공원 양지바른 둔덕
비석에 붉은 나이테로 이름 새기고 돌아오는 길

노란 은행잎
어둠 지우며 수북수북
는개비로 따라오고 있었지
소쩍새 울음으로 따라오고 있었지

산사 가는 길

늦은 저녁 남해 금산에 도착했습니다

노을이 마지막 붉은 꼬리를 감추고
느린 걸음으로 어둠이 내려옵니다

실눈 뜬 초승달 아래 민머리를 감춘 바위가
하루를 살아낸 소처럼 길게 돌아눕습니다

돌아오기 위해 먼 바다로 나가는 배처럼
낮아지기 위해 산은 길을 버립니다

비단치마 두른 산턱에 걸터앉은 산사
삼배하는 당신을 지그시 내려다보는 관음부처님

섬과 섬 사이 어둠이 익어갑니다

제2부

바닥

햇빛과 빗물, 수만의 표정을 담아내는 얼굴이다

낙엽도 모래알도 비닐봉지도 종이컵도 빵 쪼가리도 목장갑도 바퀴 소리도 신발 한 짝도 모두들 한 번씩은 담기었다 간다

바닥이 천정이고 천정이 바닥이다

복잡할 필욘 없다,
기본 패턴은 단순하고 명료하게,
넘치지도 말고 모자라지도 않은 9 to 5.

톱니처럼 맞물리니 이빨 하나쯤은 빠져도 상관없다
넓게, 깊게 혹은 높게, 끝없이 번져가는 도시의
바닥

불가마 세상

거울 앞에
벌거벗은 사내놈이 있다
몹시도 상했다고 눈을 흘긴다

한증막에 들어 멍석 위에 눕는다
아니, 멍석을 업고 세상에 눕는다

뜨거운 공기가 숨을 가로막는다
무두질한 듯 늘어진 살가죽, 촘촘한 털끝마다
끈끈한 땀방울 흘러내린다
손톱 세워 긁으니 온몸 여기저기 붉은 살꽃이 만발한다

오래, 세상을 견뎌온 짐승의 소소한 반항이다
오래, 반항해야 할 소소한 기억이다

거울을 뒤로하고
불가마를 나온다

매미

흉칙한 허물 쓴 채
살아남았다

벙어리 심장으로
등나무 칡뿌리 사이 몸 감추고 이천육백일 비정규직

집 한 칸도 없이
어둠 파먹으며 살아온 나날들

살을 찢는다
허울뿐인 몸이라도 세워보리라

저 태양을, 저 오만한 태양 따위를
찢어발기리라

내 붉은 울음이 한여름을 몽땅 태워버릴 때까지

진주조개잡이

소음으로 아이들이 꾀병처럼 아프다.
몇 근 쇠고기 사 들고 가면 며칠은 조용하다

아주머니 한쪽은 고무장갑 벗고 한쪽은 끼고 근심과
화를 가지고 들어온다

변두리 공장을 얻었고
이사가는 날

도반 아저씨 부인처럼 기계 안고 뒹굴고
운명처럼 구름이 어둠을 몰고 온다.

기계 설비하고
전기를 넣은 순간 아 앗

손가락 편칭기에 눌려 손가락에 구멍 났다
고려대 응급실에 치료 후 몇 번에 수술

몇 번에 성형 후

7개월 후 환자는 밝게 웃으면 퇴원하였고

넓은 바다로 나간다

바다의 마음

깊이, 깊이 들어가야 한다
살기 위해
숨 참으며 숨 멈추며
들어가야 한다

숨길이 만큼 얻어오는
당근, 중근, 하근
바닷물 끝숨이 똥근이다

물숨을 먹으면 죽는 것
천 길 어둔 물속에서 숨길을 깨닫는다
자식보다도 살림보다도
살아라 말하는 바다의 마음을 읽는다

당골네

그 가을 태백산 당골 당집 마당 신목 아래 굿판 열렸네
억겁의 삼생 인연, 인연 따라 흘려보내려 소지 올렸네

달빛 받은 땅바닥은 검푸르게 빛나고, 징소리 장구 소리 하늘길 올랐네 아무것도 베지 못하는 무쇠 칼 입에 물고 오구 진구 작두 타는 당골네

시퍼렇게 날 선 칼 그림자 아래 엎드려 비난수하네
푸르디푸른 청춘을 돌무덤에 묻은 그대여
피 먹은 입술 씻고 깊이, 깊이 자맥질해 들어가는 물고기처럼 내게 왔던 내 모든 그대들이여

훠어이 훠어이 가거라!
열두 자 베 가르면
자르지 못한 인연, 자르지 못한 죄업
모두 풀고 가려무나 훠어이 훠어이!

가을빛

대전역 지나 성남동까지
먼 산 바라보며 걸었다

욕심 없는 산
햇살이 따듯하다

가지런한 가을
얼마나 고마운가

바위에게

영혼이 송두리째 흔들려
통곡한다

슬프고 억울하고 아파
고함 지른다

풀 길 없는 마음 다독이며
하소연한다

오늘도 묵묵부답으로 현답하는
그대여

목련 지던 날

목련이 지던 오월 그믐 아침나절
무지개 가마 위에 황금빛 혼 실어
하얀 꽃바람 안타까운 하늘길

검은 상복 치마폭에 세월 안고
이별을 삼키니 서러운 마음
하늘아 내 슬픔 헤아려다오

백자에 삼혼삼체 고이 넣어 보내니
은하수 나라에 사계절 꽃피우고
구름산 우주의 고운 영혼 되시라

소주

시간이 자정을 지나가고 있다
벌떡 일어나 냉장고 여닫고 있다
공기가 차갑다

냉장고 속에 멀거니 서 있는 소주가 생각난다
목젖을 타고 내려오는 인생의 외로움을 삼키며
소주와 인생의 짜릿한 맛을 비교해 본다

몸에서 근섬유가 빠져나간 것처럼
절여놓은 배추같이 축 늘어진다
전기 코드를 빼어놓는다

선자령

조각구름 하나
내려와 눕는다

풍차에 걸린다
육십 굽이 돌아온 경포 바다

우연히 만난 장삼과 이사
갑남과 을녀들의 인연도 걸린다

파도는 산이 되고 바람이 되어
선자령 돌고 돌아 나간다

먼 훗날 어느 날이어도
다시 와 돌고 있을 선자령

인연

따뜻했어요

편안한 만남이었어요

머물고 싶었어요

같이 있으면 행복하니까요

돌아가는 담장 너머 백목련이

미소를 보냅니다

이른 봄 오면 기억날 사람

유월

푸르름 익으니
흙도 익어

산천 푸르고
계곡은 맑아

하늬바람에
농부는 허리 펴지 못하고

너른너른 황금 들녘
가을을 꿈꾸다

잔교를 건너다

 모든 걸 작파하자 작심하고 잔교를 건넜지요. 목포 여객선 터미널, 바다와 뭍 사이 불과 몇 미터, 객기 부려 건너뛰면 못 뛸 것도 없겠다 싶었지요만, 밟을 때마다 좁은 다리 출렁출렁, 쇠 우는 소리 윙윙, 발밑에서는 바다 물결이 독사 혓바닥처럼 남실남실, 괜시리 오금이 저려왔습니다
 잔교를 지나면 배는 오롯이 움직이는 섬, 뭍으로 못 나갑니다 갇혔습니다 이 너른 바다 한가운데 갇히다니요.
 불현듯 입에 붙은 작파, 입에 발린 떠남이 모골에 딱 달라붙어 송연했습니다
 출렁대는 잔교를 황급히 뛰어 건너왔지요. 다시 보니 하늘과 바다와 산과 섬이 참 아름답더이다. 실패 후 다시 거는 기대요? 그 따위는 생각도 안 났더랬습니다.

청송 묵집

세상 모든 목숨들이
한없이,
한없이 둥글어지는 가을 오후

주왕산 슬하, 청송 묵집
산꾼들이 건네는 낮술 두어 잔에 불콰히 젖으면
옛소! 인심 좋게 묵국수 한 사발 더 말아주는
독거노인 저 할머니

도토리 주우러 간 며느리
몇 해째 돌아올 줄 모르고
비 맞은 중같이 궁싯거리며
일없이 묵 함지 끌어당겨 들춰보는 저 노인,

구부정한 어깨를 굴러 내리는 가실볕 따라
밀잠자리 고추잠자리
청송 묵집 지붕을 맴맴 돌고
주왕산 능선 넘어 아득히 날아가는 새털구름

제3부

꽃지

바람 속 사이짓기한 이야기
꽃지 해변에 묻히네

어깨춤 추며
밀려가는 파도

꽃지를
여기 두고

한 사내 이야기가
너울너울 떠나네

소나기 한 줄금 쏟고
간 자리

수평선 위
희미하게 무지개 걸리네

둘이 쓰는 방

주인 모르게
들어간다
낯익고도 낯선 방

네 꿈에 박제해둔 나의 시간,
아름다운 사연들,
사라지고 없다

텅 비어 절벽처럼 버티어 선
흰 벽!
더는 못 들어가겠다

도망치듯 네 꿈을 빠져나와 빠르게 걷는다
모퉁이 돌아가는 저 먼 소실점 하염없이 바라본다

외눈 가로등에 이마 대고
무거운 숨 천천히 몰아쉰다

스크린도어

서대전역 스크린도어 열리면
사람들 봇물처럼 쏟아져 나온다

환영처럼
또각또각 걸어오는 희미한 그림자

반세기 넘게 오고 있는
오렌지색 블라우스

바람 지나며 스크린도어 스르륵
닫히고

아득히 멀어져가는
오렌지 향기

표지석

보고 싶습니다
천왕봉에 서 있는 당신

땀을 흘리며
기어오릅니다

지치면 벽계사 들러
무거운 마음 덜어놓고

천왕샘 이슬로 목축이며
바람 속 당신 안으렵니다

얼굴 비비며 감싸주는 당신
길 잃어 헤맬 때, 언제나 그 자리에 서 있는

당신, 내 마음 알지요?

불면

누가 나를 불러 여기 세웠나
개쑥부쟁이 초오들만 무성한
내 마음의 묵정밭

오래 불러주지 못한, 무수한 이름들
마주 보지 못한 무수한 눈동자들

돌아서 본 이랑마다
싹 틔우지 못한 썩은 종자들
의지가지 없이 한 생을 훌쩍 건너온 죄악들

밤새, 귓속에서 붕붕거리던
벌떼들의 주검
충혈된 폐허에 새카맣게 쏟아져 내린다

가족

그대 생각함이
희망이고

그대 사랑함이
자랑이고

그대 사랑함이
달콤한 잠이고

몽산포 2

한 번
안아보지도 못한 채

밀고 쓸리는
바다

짠 내 풍기는 소나무 숲
하루살이 집을 짓는다

해당화 향기 숨 쉬는
모래 언덕길

어제도 오늘도
파도는 쉼 없이 오가고

어떤 이별

사막 중심에 서 있는
두 그루 나무

차가운 시간을 파헤치며
촛불을 켠다

촘촘히 엮은 이야기는
가뭇없이 사라지고

칼날 같은 바람이
불안스럽게 불어온다

예산행

친구하고 반세기 만에 예산중학교 그늘 의자에 앉아본다. 운동장에서 씨름도 하고 배구도 하고 야구도 하던 참으로 행복한 시절이었다. 예산초등학교 운동장을 밟고 또 밟아본다. 나를 좋아하던 김희수 선생이 운동장에 환하게 그려진다. 향천사 망루에 앉아 생각한다. 함께 뛰어놀던 꼬마들은 벌써 늙어 터주 되었겠지.

첫사랑

당신이 아프면
나도 아프다

늘 내 마음의
문간에 서 있는 그대

부끄러운 대답은
어느 길에서 머뭇거리나

녹슨 기다림
용서할 수 있는가, 그대

풍덩

무한천 모래밭에서 재첩 캐던 날
풍덩 뛰어들었다가 물귀신 될 뻔했다

오일 장날 다리 난간에 앉아 있다가 물고기 가두려 파놓은 둠벙에도 풍덩
자전거 타고 바람처럼 날다가 철탑에도 콰당,

세상 도처 가는 곳마다
객기 어린 좌충우돌
풍덩, 콰당 고꾸라지다가 가겠구나.

하얀 민들레

하얀 네 얼굴
자꾸 생각나

봄볕 아래 까르르륵
공깃돌처럼
옹기종기 앉은 가스나들

가던 길 돌아보게 하는
너

봄비

가슴에 빗금을 그리네

살며시 내려앉아 꽃 피우네

하루 이틀 지나면 길나서겠지

마른 꽃눈 숨 쉬는 소리

대문 활짝 열고 임이 오겠지

강천산 가는 길

안개 속에 고속도로가 나 있다

강천산 입구 목포식당에서 구수한 전라도 사투리를 섞어
도토리묵 두 접시를 내놓는다
묵 접시 속에 정처럼 고소한 참기름이 돌고 있다

도선교 옆 병풍바위에서 쏟아지던 폭포는 잠시 멈췄다

안개가 거두어지면서 산사는 은행잎과 단풍이 어울려 강천산
익어가고 있다
불타는 산사에 들러 이문산악회 이름 으로 기와불사를 하고
합장하니 산사는 부처가 빙그레 웃는다

구름다리 현수교에 서서
구름은 발밑으로 흘러 계곡 아래는 아득하기만 하다

휘돌아 가는 물줄기에 생의 한 굽이를 실어 보낸다

제4부

가수원교

새벽 여명 뚫고 밀려오는
바다의 노래
광안리 모래사장에 곱게 피어나던
하얀 소금꽃

짠바람 휘감으며 달리는 아버지
자전거 바큇살에 함께 구르던 구성진 콧노래
짐칸에 실려 장단 맞추던 고기들의 이야기
스무 나믄 묶은 해를 보자기에 싸서 가수원교 건넌다

허물 많고 심심한 나의 나날들
싱거워질 때마다 조심스레 매듭 풀면
곱다란 명주실 나폴나폴,
흰 꽃잎 활짝 피워 또 난분분

돌아보면 붉은 노을 비끼는 여든 번째 봄
팔랑팔랑 나보다 앞장 서 건너간다
가수원교 너머, 머언 광안리 백사장

시름이 고개

제 몸보다 몇 배나 큰 식량을
밀고 끌고 가는 개미들
몇 바퀴 세월 돌고 돌아온 시름이 고개길

산골 처녀 바가지 깨고 가마 타고 넘어온 길
몰래 곶감 말랭이 쥐어주던 할머니 저승 갈 때 넘던 길

산보다 더 높이 보이던
그 옛날 시름이 고갯길

한평생 농투사니 등짐 지던 아버지
오늘 그 고개
허여허여 넘어간다

애기동백

진초록 솜이불이다
부드럽고 따스하다

아가야 그만 일어나거라
발그레한 네 단꿈 곧 벙글겠구나

따스한 온기가 전해져온다
코끝에서 가슴을 통해 하반신으로 감전된다

하얀 겨울 동백은
붉은 핏덩이를 떨어트린다

아버지 2

푸른 날 이야기 다 떨어트리고
찬바람 맞고 선 겨울나무

그리운 것을 그리워하기 위해
사랑하는 것을 사랑하기 위해

앞산 지키고 논밭 키우며
늘 그 자리

먼 봄 기다려, 이제는 앞산의 주인 된 당신
겨울나무

장마

한 맺은 눈물
천길 벼랑으로 곤두박질
무섭게 쏟는다

시커멓게 타들어 간 육신
먹구름 되어 무한 천공 떠돌고
꿈마저 세찬 빗물 되어
천지간 헤매느냐

메마른 가슴 풀잎들
목마름 재우고
작은 희망
빗물에 씻기네

이 슬픔 지나면 맑은 지혜
채울 수 있을까
장마 끝에 얼굴 내미는 파란 하늘처럼

나무와 인연

내 몸 끝 스치고 간 이 몇이던가
내 몸 당기고 간 이 몇이던가
내 몸 기대고 간 이 몇이던가
내 몸 안에 쉬고 간 이 몇이던가
서 있는 동안 비 바람 불어오면 외로움 잊는 것

내 몸 아프게 하고 간 이 몇이던가
내 몸 상처 주고 간 이 몇이던가
내 몸 찢겨지도록 내 몸 당긴 이
편안히 길 내어주고

너와 내 몸이 만남도 인연이고
바람과 빛이 만나
헤어지는 것 또한 인연이라 하네

가슴 아린 그대
애틋한 정은 담아 가지만
인연을 알게 해준 인연설은

수타사 대적광전 부처님께 남겨 두고 가오

소망

작은 소망 저 하늘에 옮겨 두고
젊은 날 떠나왔는데
힘겨워 소리쳐 보고

바람 소리 귀 기울여
그리 살다 보면
좋은 날 될 줄 알고 살았는데

30년 세월을
건너뛰어 보고 싶어
다시 날아 보고 싶어

딴생각 못하고 오르기만 했는데
여전히 나는 빈 바지게만
등에 지고 서 있어

풍등

붉은 바람 불러 타고
하얀 바람 불러 타고
하늘 끝까지 날아오른다

눈 깜짝할 새
발아래로
흘러가는 세상

아, 살 떨리는 자유

산다는 건
바람 타고
혼자 추는 독무

제 심장 태워
바람을 부르는 일
운명의 주인으로 섬기는 일

그리움

폭포수 떨어지는 날 손 뻗어 헤아려 봅니다
하나둘 헤아려 보지만
셀 수도 없는 사연을 담으려 해도
담아둘 그릇이 없습니다

내 안에 떨어지는 구름 바람 천둥
잡으려 손 뻗어도
잡히지 않는 설움만 가슴으로 흐릅니다

먼 먼 어느 날
기별도 없이
인산에 묻어둔 바위 흔들리고
참았던 그리움 폭포처럼 쏟아지면

살아 천 년, 죽어 천 년의 고목에
연둣빛 바람 한 줄기 스치기는 하겠지요.

새우젓란

어머니가 남겨준 삼베 보자기
옹쳐 맨 매듭 풀자
불쑥 튀어나온 새우젓 독

너부데데 얽은 얼굴
수석대 위에 답싹 올라앉더니
넓적한 품에 나도풍란 세 촉 품어 안고 어르시네

찧고 까부르던 온갖 소란 누르시며
잊은 듯 잊힌 듯 앉아계시더니
십 년 세월 지난 뒤
불현듯 꽃으로 환생하셨네

새벽 댓바람에 고요를 가르는 난향(蘭香)
네 삶도 이처럼 피어나라 하시네

무량사 5층 석탑

무량사 대웅전 앞 석탑 돌 때
보고 싶은 어머니 흰 그림자

극락 왕생하소서
만 원 한 장의 기와 불사
종각 아래 세워 놓으니

어머니, 옥양목 치마 끝자락
지붕돌 너머 풍경으로 들어가시네

바다

바다는 혼자다

주름진 푸른 얼굴로
작은 마음 꺼내어 저 혼자 출렁인다

바다는 둘이다

바람 불면 움츠린 어깨 활짝 펴고
해일처럼 달려와 사랑을 고백한다

오토캠핑장에서 하룻밤

 방동약수 한 모금 마시고 사각 널평상에 오징어 꿰듯 텐트를 치며 밀고 당기는 사랑놀이를 하고 있다
 그늘막으로 하늘을 가리고 장작불 피워 연기를 날린다
 상추와 깻잎을 죄 고르듯이 씻고, 빨갛고 푸르고 흰 생각들을 꼬챙이에 꿰어 노릇하게 굽는다

 두근거리는 심장도 오토로 전해지기를

 이른 아침, 배 가르듯 텐트를 활짝 열어 젖힌다.
 열린 틈 사이로
 산과 하늘이 들어오면
 수줍게 볼 붉히며 흰 이를 드러내는
 그녀

죽음에 대하여

슈베르트 겨울 나그네를 들으며
침대에 누워 떠올린다

어둠 속
구름 그물망에 잡혀 들어간다
발버둥 치거나 빠져나오지 않는다

하늘이 가자고 하면
뒤돌아보지 않고 따라갈 거다

죽음은
내가 없을 뿐이다

아침에 눈을 뜨면
고맙다 즐겁다 행복하다 용서해다오

사랑은
표현할수록 강력해진다

해설

탈 일상의 매혹과 낭만적 동경

윤은경 (시인, 문학평론가)

1.

정원기의 첫 시집 『진주조개잡이』에서 우리가 불쑥 마주하게 되는 것은, 탈 일상의 매혹이 빚어내는 '낭만적 동경'이다. 이 동경의 주체인 시인 혹은 시적 주체는 겉으로 표현된 가시적 대상을 갈구한다기보다는, 그가 마주하고 있는 표현의 매개인 이미지의 스크린을 통해 그것이 숨기고 있는 근원적 대상을 직관하는 것이다. 이 근원적 대상은 일상의 언어체계에서는 잡히지 않는 '저편' 혹은 '저쪽'의 소리 없는 부름, 소리 없는 울림이다. 다시 말해 가시적 대상 그 자체에 대한 그리움보다는 '대상 a'

를 뚫고 대면하게 되는 '존재 그 자체'이거나 보이지 않는 '심연에서 일렁이는 어떤 것'이다. 일상의 '바깥'을 향한 강렬한 욕망이 빚어내는 동경으로서의 '환상성' 혹은 '가상성'은 지금 주체가 처해 있는 남루한 현실 너머의 또 다른 세계의 가능성을 여는 통로가 된다. 현실적 조건으로서의 '현재'가 유일한 시간이 아니라는 것, 그러므로 시적 주체로 하여금 모순과 부정성으로 가득 찬 현실 원칙 너머 아름다움의 아우라를 생산하는 '미래'를 향해 개방적인 삶의 지평을 승인하고 긍정하게 한다.

시인들은 상상력에 힘입어 삶의 순수한 근원에 접촉하려는 수많은 시도를 통해 모순과 부정성으로 가득한 현실에서 어떠한 두려움도 우울함도 없는 삶, 진정한 삶의 풍요로움을 회복하고자 한다. 시는 일상에서 비일상을 발견하고 체험하며 그를 통해 자연 혹은 사물과 세계에 은폐된 배후, 즉 레알리타스를 읽어내고자 한다. 일상의 상투성과 개인적 자아의 협소한 반경을 벗어나는 비상의 체험은 습관화된 일상과는 전혀 다른 체험이다. 일상적으로 주어진 시간을 다른 시간으로 체험하는 것은 일상을 비상으로 환치하여 새로운 세계의 지평을 여는 행위이다. 시인이든 독자든 모든 존재하는 것들을 근원에서 만나게 하면서 심미적 체험으로 이끄는 것, 다시 한번 삶을 되돌아보게 하고 보다 넓은 지평에서 감각케 하는 것,

그것이 바로 시의 존재 이유이자 시의 위의라 할 수 있을 것이다.

 기실 서정시의 태생적 숙명이란 본질적으로 낭만주의적 서정과 이에 대한 신뢰에서 비롯되는 것이어서 자칫 그의 시의 표면은 매우 진부하고 평범한 서정시로 읽힐 위험에 처하기도 한다. 그러나 후기 자본주의라는 '지금, 여기'의 당대적 맥락에서 꼼꼼히 들여다보면, 정원기의 시편들은 출구 없는 '일상성의 바깥'으로 수시로 떠남으로써 삶의 순수한 본원에 접촉하려는 시도를 빈번히 보여준다. 이 시집의 시편들에서 자주 발견되는 '여행 모티브'나 '연애시'의 형상으로 나타나는 타자의 수용 방식은 비일상으로의 탈주를 통한 존재론적 동경, 현실의 모순을 수용하는 '하나 되기'의 시도로 읽을 수도 있는 것이다. 이러한 관점은 이 시집의 시편들을 〈일상→ 탈 일상→ 일상→의 구조로 파악하려는 것이며, 아울러 시인이 경험적 사실 속에 자리한 세계의 모순을 어떻게 총체적으로 껴안고 성찰하고 있는가를 살펴보고자 하는 것이다.

2.

 일상이란 인간이 삶을 영위하면서 매순간 부딪치는 체

험들이다. 우리는 시간과 공간 속에서 인간, 사물들, 직업, 여가 등에 둘러싸여 사적(私的) 삶을 살아가고 있으며, 일상생활은 일일이 의식할 필요도 없이 매우 낯익은 자명한 것으로서 자동적으로 되풀이되는 것이다. 그러므로 일상성은 그 일상성을 생산한 사회를 이해하고 알기 위한 하나의 실마리가 된다. 우리의 삶을 이루는 개인적이고 사회적인 일상의 체험들은 고난과 고통, 슬픔과 기쁨, 현실의 모순과 애매함 속에서 세계와 화해하기도 불화하기도 하며, 그 속에서 자신을 발견하고 삶의 의미를 부여하며 나아가 인간과 세계에 대한 이해에 도달하는 원천이자 근본이기 때문이다.

'매일 반복되는 보통의 일'이라는 축자적 의미에서 일상은 인류의 까마득한 옛날부터 존속해 왔다. 삶의 모든 시간이 온전히 생존을 위해 먹을 것을 구하는 데 바쳐졌던 그 옛날부터 산업화 시대 이전까지의 일상이란 자연의 순환에 맞춰 살아가는 삶 그 자체였다. 그러나 까마득한 옛날부터 존속해왔을 전통적 형태의 커먼즈는 근현대를 거치며 자본주의의 발달과 함께 새로운 형태의 커먼즈로 급격하게 변화되었다. 오늘날 일상성의 장소는 '도시'이다. 자본주의의 발전에 의한 도시적 삶의 양적 팽창은 현대인의 삶 자체를 근본적으로 변화시켰다. 현대의 '일상성'은 반복성, 타율성, 범속성, 세속적 삶의 속악성을 특징으로 하며 그러한 퇴락한 사회를 살아가는 도시적 일상은 끊임없는 욕망의 추구와 결핍으로 끝없이 되풀이되고 소모되는 피로와 권태로 점철되어 있다. 이미 우리의 삶을 가장 직접적으로 규율하고 포섭함으로써 상수로서의 삶의 조건이 되어버린 도시의 일상은 끊임없는 욕망의 추구와 결핍, 비참함과 남루, 속악함으로 점철되어 있으며, 기계적으로 반복되고 소모되는 폭력성으로 주체를 한없는 공허감에 빠지게 한다.

햇빛과 빗물, 수만의 표정을 담아내는 얼굴이다

낙엽도 모래알도 비닐봉지도 종이컵도 빵 쪼가리도 목장갑도 바퀴 소리도 신발 한 짝도 모두들 한 번씩은 담기었다 간다

바닥이 천정이고 천정이 바닥이다

복잡할 필욘 없다,
기본 패턴은 단순하고 명료하게,
넘치지도 말고 모자라지도 않은 9 to 5.

톱니처럼 맞물리니 이빨 하나쯤은 빠져도 상관없다

넓게, 깊게 혹은 높게, 끝없이 번져가는 도시의
바닥

―「바닥」 전문

  일상성의 특징 중 하나는 모든 것이 기계적이고 반복적이라는 데 있다. 본래 일상은 보잘 것 없고 하찮은 것들의 반복으로 이루어진다. 입고, 먹고, 물품들을 생산하고, 소비가 삼켜버린 부분들을 재생산해야 한다. "송아지처럼 말뚝에 매여"(「나룻배」) 지루하게 기계적으로 반복되는 삶이다. 그러한 일상의 삶과 정신은 남루함과 피폐함으로 팽만하다. 생명의 원천인 "햇빛과 빗물"조차도 '그렇고 그런' 수많은 표정에 불과하며, "낙엽" "모래알" "비닐봉지" "종이컵" "빵 쪼가리" "목장갑" "바퀴 소리" "신발 한 짝" 등의 사물은 도시의 토대를 구성하는 누추하고 왜소하며 하찮은 것으로서 도시인 혹은 도시적 삶의 메타포이다. 도시적 일상은 복잡하지 않다. 단순하고 명료하게 "9 to 5"의 시간에 맞추어 노동하고 다시 재화의 소비와 재생산에 바쳐지는 톱니 같은 존재의 삶이며, 누구 하나쯤 빠져도 "불가마 세상"은 하나의 시스템, 하나의 체제 아래 잘도 돌아간다. 도시는 한계도 없이 번지듯 팽창해 가고, 그렇게 영위해가는 삶의 단순한 패턴 역시 팽창하는 도시와 연동되어 끝없이 증가한다.

하이데거에 의하면 일상성은 실존의 양식이다. 흔히 우리는 자신의 삶을 주체적으로 영위한다고 생각하지만, 대부분 사회적으로 승인된 사고방식과 생활방식에 따라 살고 있을 뿐이라는 것이다. 하이데거는 잡담과 호기심 속에 매몰되어 영위되는 이러한 삶의 방식을 비본래적인 실존이라고 규정한다.

거울 앞에
벌거벗은 사내놈이 있다
몹시도 상했다고 눈을 흘긴다

한중막에 들어 멍석 위에 눕는다
아니, 멍석을 업고 세상에 눕는다

뜨거운 공기가 숨을 가로막는다
무두질한 듯 늘어진 살가죽, 촘촘한 털끝마다
끈끈한 땀방울 흘러내린다
손톱 세워 긁으니 온몸 여기저기 붉은 살꽃이 만발한다

오래, 세상을 견뎌온 짐승의 소소한 반항이다
오래, 반항해야 할 소소한 기억이다

거울을 뒤로하고

불가마를 나온다

― 「불가마 세상」 전문

　자본주의는 욕망을 생산하고 억제하는 이중구속의 원리로 작동된다. 한편에서는 욕망을 생산하면서도 한편에서는 욕망을 억제하는 것이 이중구속의 의미이다. 그것은 '병 주고 약 주는' 병리적 분열이다. 시인은 욕망의 "불가마" 같은 이전투구의 현실을 살아오면서 한없이 누추해지고 한없이 피폐해진 자신의 "벌거벗은" 모습을 확인한다. 그것은 매우 불유쾌하고 혐오스러우며 회피하고 떨쳐내고 싶은, 비본래적인 실존의 목격이다. "무두질한 듯 늘어진 살가죽"같은 삶에 대한 반성은 그 남루함을 손톱 세워 긁는 "소소한 반항"(「불가마 세상」)으로 드러나기도 하고, 정서적 공감이 불가능한 바위 앞에서 "슬프고 억울하고 아"픈 마음을 통곡하며 "풀 길 없는" 답답한 마음을 "다독이며 하소연"(「바위」)하기도 하며, 허울뿐인 몸이라도 곧추세워 "한여름을 몽땅 태워버릴 때까지"(「매미」) 붉은 울음을 터뜨리고 싶은 절규로 드러나기도 한다.

　그러나 한편으로 주목할 것은, 자칫 자해랄 수도 있는 손톱 세우는 일의 저항을 '소소함'으로 표현한 것이라든지, 그 저항을 기억하는 일조차 '소소함'으로 축소하는 데서 드러나는 불안이다. 환언 하면, 삶의 궤도로부터의 이탈에 대한 불안과 공포다. 기실 일상으로부터의 이탈이란 모든 사회적 관계망의 상실을 의미하며 이는 곧 삶 자체의 영위가 불가능해짐을 의미하기 때문이다. 자신을 황폐함으로 이끄는 세계의 모순과 부조리를 목도 했음에도 섣부르게 떨쳐낼 수 없는 일상인 까닭에 화자는 짐짓 '거울'을 뒤에 둘 수밖에 없다. 시인이 직시하는 '현대의 일상성'은 이러한 점에서 포획과 탈주의 욕망이 혼재하는 양가적 감정의 대상인 동시에 시인이 인식하고 있는 세계상의 본모습이기도 하다.

3.

포획된 일상으로부터의 탈주를 강렬히 욕망하지만, 결국은 삶의 현장으로 되돌아올 수밖에 없는 시적 주체의 탈 일상의 욕망 구조는, 삶의 현장에서 잠시 떠났다가 돌아오는 여행의 구조와 매우 닮아있다. 여행은 일상적 현실 너머로 떠나지만 '다시 돌아온다'는 전제를 깔고 있기 때문이다. '일상→ 탈일상→ 일상'의 구조를 벗어나 물리적이고 가시적인 현실로 돌아오지 않는 여행은, 아니 돌아올 수 없는 여행은 죽음뿐이다. 포획된 삶으로부터의 탈주를 욕망하게 하는 것은, 비단 일상성뿐만이 아니다. 자본의 현실 장악 능력이 점점 고도화되는 도시 공간에서 '소외'는 인간 실존의 두드러진 특징으로서 현실의 부정성을 드러내는 문제적 요소다. 왜냐하면, 인간은 '세계-내-존재'로서 타인 혹은 기타 존재자들과 온몸으로 밀접하게 관계 맺는 총체적 그물망 속에서 살아가는 존재이기 때문이다. 현대사회에서 인간은 도처에서 자연뿐만 아니라, 인간과 물질로부터도 소외되며 비인간화를 경험한다.

    풋고추 매운맛처럼 삶이 얼얼할 때, 가까운 이로부터 뒤통수 맞고 터무니없이 나락으로 떨어져 내릴 때, 부서지고 깨어져 세상 어디에도 맘 둘 곳 없을 때,
    한 번도 가본 적 없는 땅끝, 인적(人跡) 넘어 무인도로 떠난다

    망망하여라 목 놓아 울면, 메아리로 돌아오는 파도
    벌거벗은 채 바다 위를 달려와
    갯바위에 제 몸 짓찧고 내리치고 울고 웃고 절규한다
    묵묵히 삼킨 찢긴 심장을 비로소 꺼내놓는다

벌거벗은 바다가 벌거벗은 나를 안아 준다

젖은 몸 쓰린 맨발로

말갛게 씻긴 몽돌밭 걷는다

―「외로우면 배를 타라」 전문

 이 시에서 시적 주체는 "가까운 이로부터 뒤통수 맞고" 는 "풋고추 맛처럼 얼얼한" 현실로부터 멀리 탈주하고자 한다. 이는 자본주의적 욕망 추구의 일상성과 도시적 삶의 부정적 양태를 적나라하게 보여주는 구절이다. 사람과 사람의 관계가 사물과 사물의 관계로 나타나는 '사물화'는 자본주의의 부정적 효과이다. 사물화의 심화는 결국 인간의 실존적 삶의 질적 변화를 초래하며 실존 공간으로부터 인간을 소외시킨다. 욕망하면 할수록 더욱 거대해지는 욕망은 결국 비참함과 남루함을 끊임없이 재생산한다. 소외로 인한 고독과 공허를 절감한 시적 주체는 모든 것을 작파하고 한 번도 가본 적 없는, 인적(人跡) 즉 사람의 흔적조차도 없는 곳으로 탈주하고자 한다.

 주목할 것은 여행은 단순히 물리적 공간을 이동하여 새로운 문화와 만나는 것이 전부가 아니다. 여행이란 새로운 시간과 공간을 여는 통로다. 일상을 구성하는 자연, 인간, 물질로부터 소외된 인간이 일상의 바깥으로 나아가는 통로이자 소외를 극복하고 인간과 자연이 일체화된 공감의 세계로 나아가는 통로이기도 하다. 이런 맥락에서 "한 번도 가본 적 없는" "인적" 너머의 공간에서 시적 주체가 직관하게 되는 것은, 근원적인 존재론적 물음이자 동경이다. 시적 주체가 자신의 존재 의미에 대해 반문하고 성찰하는 장소이며, 그런 까닭에 '세상 어디에도 없는 곳' 즉 자신의 내면의 심연에서 일렁이는 어떤 것에 대한 응시와 성찰이다. 그러므로 '파도'는 자신의 절규와 물음에 메아리로 화답하는 자답이며, 갯바위를 치는 파도에서 "찢긴 심장"을 꺼내며 비본래적 삶을 살아온 자신의 모습을 겹쳐 보는 것이다. 그처럼 존재의 근원에 대한 치열한 자문과 자답 가운데 시적 주체는 말갛게 씻긴 몽돌처럼 상처를 치유하고 자신의 진정한 존재 의미란 무엇인가를 되묻게 된다.

정원기 시인의 '여행 시편'들은 대체로 이와 같은 존재론적 특성을 갖는다. 새로운 것에 대한 호기심, 새로운 풍광이나 멋지고 신기한 다른 세계의 신비 등 여행의 부산물마저도 단순한 유흥의 차원을 넘어 심원한 정신세계로까지 연결된다. 그에게 '여행'은 잠들어 있는 감각들을 일깨워 모든 것의 움직임을 발견하고 탐색하게 하며 사물의 굴절과 굴곡들 사이에서 사물들이 감추고 있는 암호들을 읽어내게 한다.

늦은 저녁 남해 금산에 도착했습니다

노을이 마지막 붉은 꼬리를 감추고
느린 걸음으로 어둠이 내려옵니다

실눈 뜬 초승달 아래 민머리를 감춘 바위가
하루를 살아낸 소처럼 길게 돌아눕습니다

돌아오기 위해 먼 바다로 나가는 배처럼
낮아지기 위해 산은 길을 버립니다

비단치마 두른 산턱에 걸터앉은 산사
삼배하는 당신을 지그시 내려다보는 관음부처님

섬과 섬 사이 어둠이 익어갑니다
─「산사 가는 길」 전문

 이 시에서도 시인은 일상으로부터 멀리 떠나 남해 금산의 어느 산사로 간다. 실제 공간인 '남해 금산'에서 먼 바다를 조망하며 세계─내─존재로서 그가 깨닫는 것은 "돌아오기 위해 먼 바다로 나가는 배"이거나 "낮아지기 위해" 길을 버리는 산, 그리고 스스로 "익어가는 어둠" 같은 본래적 존재 방식이다.

바람이 머물다간 초여름, 보랏빛으로 하늘 물들고 하얀 풍차가 이국풍으로 서 있습니다
흰 깁처럼 펼쳐진 소금밭 가운데선 허름한 잠방이가 허리를 구부린 채 고모래질을 하고요, 좀 멀리 보이는 갯바닥엔 하얀 머릿수건이 달랑게처럼 납작 엎드려 있습니다
바다 멀리서는 큰 물결 일어 오늘 밤 폭우를 예보하는데, 청바지가 바라보는 염전가 모래밭 해당화 몇 송이가 시나브로 꽃잎을 접습니다

한 번도 와본 적 없는 낯선 풍경, 한 번도 살아보지 못한 낯선 삶의 일인데도 그 모두가 내 것인 양 정답습니다
소금산을 지나온 바람 맛이 어땠는지는 기억에 없습니다
그대 없이 가는 내 생애의 쓸쓸한 외곽, 하드 커버의 동화책 겉장을 조용히 덮습니다
―「남행 시초―염전」 전문

이 시편의 부제인 '염전'은 현실적 삶의 메타포다. 바닷물을 증발시켜 얻는 소금의 생산과정은 힘겨운 육체노동

의 결과로 얻어지는 재화의 획득 과정과 겹쳐 읽히기 때문이다. 그런데 그가 보는 염전의 풍경은 아름답기 그지없다. 뙤약볕 쨍쨍 내리는 염전과도 같은 세상에서 "허름한 잠방이"와 "하얀 머릿수건"은 "허리를 구부"리거나 "달랑게처럼 납작 엎드려" 곤고한 삶의 현장을 힘겹게 살아가고 있는 것이므로, 평온하거나 유쾌하거나 아름다운 현장은 분명 아닐 것이기 때문이다. 고된 노동의 결과로 얻어지는 소금밭을 흰 깁(비단)이 펼쳐진 것처럼 표현한 것은 실제 현실과는 매우 동떨어진 아름다운 가상의 공간이요 환상 공간이라 할 수 있다.

곤고한 삶의 질곡의 형상이 "하드커버의 동화책 겉장"과도 같은 아름다움으로 표현된 것은 시인이 꿈꾸고 욕망하는 낭만적 동경과 맞닿은 이미지의 스크린이라 할 수 있다. 그럼에도 여행을 통해 열린 감각은 일시적인 향수로서의 아름다운 가상일지라도 현실에서는 결핍된 아름다움 혹은 존재의 무한성과 깊이 닿을 수 있는 가능성으로 정신을 이끄는 까닭에, 지금의 현실을 구성하는 삶의 일부가 된다. 비록 여행이 현실을 구체적으로 변화시킬 수는 없지만, 언제나 떠난 곳으로 다시 돌아간다는 전제를 깔고 있기에 다른 세계가 존재한다는 가능성의 인지 자체가 다른 삶을 보게 하기 때문이다.

4.

 정원기 시인은 본질적으로 서정시의 본령에 충실한 서정주의자요 영원한 낭만주의자다. 자명한 것으로 여겨져 왔던 일상의 폭력성에 시선을 두어 세심하게 관찰하고 직시함으로써 자신이 황량하고 낯선 세계에 내던져진 존재임을 각성하기도 하지만, 그의 시의 대부분이 세계의 비인간성에 대한 거부의 몸짓으로서 '낭만적 동경'을 보여주는 데 집중되어 있는 것만 보아도 뚜렷이 알 수 있다.
 주체와 대상 사이의 거리와 틈새로부터 고통스러운 반성을 동반하든 자기애적 몰입의 차원이든 근원적인 자기 회귀로서의 서정은 일상성의 바깥을 감지하는 시인의 예민한 감각에 기대어 있다. 시적 주체는 이를 통해 인간 존재에 대한 깊은 이해에 도달하게 된다. 이와 같은 인간에 대한 이해의 바탕은 일상성을 안으로부터 내파하면서 궁극의 한 지점으로 귀일하게 하는 '서정'의 힘은 대상을 관조하는 가운데 대상의 이미지를 직관하는 가운데서 얻어진다.

 속이 비어서 제 속에 바람을 지니고 산다

 풍막(風幕)을 이쪽저쪽에 걸어놓고, 댓잎 갈며 사운사

운, 후두둑 후두둑 빗소리, 솨악 솨아악 폭포소리, 바람
물결 적신 채 푸른 잎 세워 임 부르는 소리

가난한 마을을 건너온 주름진 내 이야기도
동트는 대숲 언저리에 와서야 날개를 펴지

엷은 날개 펼쳐 구름 떠난 뒤
무성한 대나무들
한참을 더
길게 가락 뽑는다

―「대숲」 전문

시인은 대숲 앞에 서서 대숲으로부터 자신의 내면 깊은 곳에 걸어둔 풍막을 흔들며 불어오는 '바람'의 정체를 관조한다. 지상에 뿌리박은 대숲의 대나무들은 불어오는 바람을 거부하지 않고 수용하며 사운 대거나 혹은 격렬하게 폭포 소리를 내거나, 떨어지는 빗방울마저도 고스란히 견디며 살아간다. 비 오면 비 맞고 눈 오면 눈 맞는 대나무의 삶은 대립과 갈등이기도 하지만 상생의 관계에 있기도 하다. 즉 대나무들의 삶이란 뿌리박은 대지와 바람과 비와 긴밀하게 얽혀서 세계-내-존재로서 상호작용하고 있는 세계의 모습, 혹은 인간 삶의 도정에 대응된

다. 하이데거가 말했듯이, 인간의 삶은 퓌시스적 존재의 흐름으로서의 대지에 언제나 귀속해 있으면서, 동시에 연관적 존재의 흐름으로서의 세계 내에 있다. 그러한 관조와 깨달음은 대숲 앞에 선 시인으로 하여금 "가난한 마을을 건너온" 자신의 이야기를 꺼내어 놓게 하고, 그렇게 시인 앞의 세계인 대나무는 시인의 내면적인 이야기와 함께 어우러질 수 있는 것이다. 이것이 바로 모든 객관적인 것과 현실적인 것이 주관적인 표상과 감각으로 변환되는 서정의 원리이기도 하다.

주목해야 할 것은 '대숲'과 '시적 주체'의 관계이다. 이 시편에서 대숲고 시적 주체는 어느 쪽도 우위의 입장에 있지 않다. 시적 주체는 상면하고 있는 '대숲의 소리'에 가만히 귀를 기울이고 경청하고 있으며, 주체의 내부로 들어온 대숲의 이야기는 마침내 "가난한 마을을 건너온" 시적 주체의 삶과 공명하는 '상호 융합 작용'이 일어나는 것이다. 이러한 서정의 원리가 시인으로 하여금 시적 대상과의 열린 소통을 가능하게 한다. 즉 한 인간, 하나의 자연, 하나의 사물이 '거기 존재'한다는 사실이 절실한 느낌으로 다가오게 하며, 우리로 하여금 그 대상에서 부단히 발산되는 어떤 신비로움 혹은 '경외감'에 전율하게 한다.

평소에 무심히 지나쳤던 길가의 돌이나 꽃이 특별히

달라진 것이 없음에도 문득 소름 돋도록 경이로움을 느낀다면 그것은 일상적인 감각 혹은 상투적인 감각을 뚫는 새로운 것을 감각했다는 것이다. 그것은 놀라운 비약이다. 일상성으로부터 비일상성을 경험한다는 것, 그것은 평소에 자명하고 진부한 것으로 단순히 '있음'으로만 사물을 보는 것이 아니라, 그 대상이 '있음'을 통해 존재의 고유함을 발산하는 것을 감각함으로써 놀라운 '경이'를 유발했기 때문이다. 그러므로 시인은 봄볕 속에 피어 있는 키 작은 "하얀 민들레"에서도 작고 귀여운 "공깃돌"의 이미지를 얻고, "옹기종기 앉은 가스나들"(「하얀 민들레」)의 순진무구한 이미지로 얻을 수 있는 것이다. 시인이 얻은 이미지에는 이 민들레가 왜 거기에, 왜 피어났는지 그 존재의 근거나 조건을 따져 묻지 않는다. 그러한 계산적 사유는 결코 하얀 민들레에 깃들어 있는 '고유한' 존재 의미를 밝혀주지도 못할 뿐만 아니라 "다시 돌아볼" 이유도 설명하지 못한다.

자명성과 진부함을 넘어 대상의 고유함을 보아내려는 시인의 감각은 삶을 마주하는 세계관에도 변화를 가져온다. 시인의 시선은 자신이 살아가는 동네 산책에서도 "먼 산"을 통해 "욕심 없"음을 보아내고, 그러한 세계를 움직여가는 존재의 근원으로서 우주적 리듬의 "가지런함"(「가을빛」)을 발견한다. 그 우주적 리듬 속에서 살아가는 것, 그것이 세계-내-존재의 존재 방식이다. 이런 깨달음 뒤에 시인은 모순과 부조리로 가득 찬 '궁핍한 시대'의 부정성을 넘어서는 방법이란 현사실적 실존을 껴안고 수용하여 긍정함으로써 일상성의 모순과 부조리를 삶의 충일함으로 바꾸는 것으로 표현된다.

    한 손에 시퍼런 낫 쥐고, 정씨
    미끄러운 갯바위 힘겹게 오른다
    물 들기 전, 미역밭 갯닦기도 어린 미역 물주기도 마쳐야 한다
    집게벌레처럼 엎드려
    흔들거리는 이끼를 홍두깨 치듯 쳐낸다

    서울로 유학 간 막내학비, 타지로 새살림 난 둘째 생활비, 여름 지나면 바꿔야 할 통통배
    새 엔진값
    망태에 가득 채워야 할 무게들이 갯바위 저 아래 물속에서 춤춘다고
    하루 낮 지나고 하루 밤 지나며 허리 각도 조금씩 기울어가도
    손주 조막손 같다고 앙증맞은 미역귀 들어보인다

오락가락하던 비 그새 그치고
해종일 굳은 무릎 펴는 정씨
등 뒤 수평선 따라 길게
놀 비낀 구름 한 장 걸려있다

―「돌미역」 전문

 이 시의 정씨는 돌미역을 키우고 채취하는 고된 노동을 하고 있으며, 손주가 있는 나이임에도 여전히 자식들의 뒷바라지에 허리가 휜다. 정씨에게는 생계를 위한 고된 노동의 일상 가운데서도 그를 생기(生起)하게 하는 요소가 있다. 자신의 미래를 위해 학업에 전념하는 자식의 미래 성취와 새살림 난 자식의 안정된 생활을 위한 '조력'과 귀여운 손주에 대한 '사랑'이 노동의 힘겨운 무게를 '살아 있는 순간의 충만함'으로 바꿔준다. 그리하여 바닷물 아래 무성하게 자라 흔들리는 돌미역의 흔들림을 "춤추는"모습으로 보며, 작은 "미역귀"에서도 손주의 앙증맞은 조막손을 보는 것이다. 그 순간은 고역의 시간이 아니라 자신의 유한한 시간 가운데서 영원을 체험하는 순간이며, 그의 노동의 시간들을 자신의 고유한 존재의 의미로서 스스로에게 고지하고 부여하는 실존적 수행이 된다.

 정원기 시인이 드러내는 실존적 수행의 방식은 물론 우리 시대 전체에 대한 비판적 성찰이나 그러한 것의 환

기로까지 확산하고 있지 않다는 것은 분명하다. 어쩌면 그의 작업이란 자신의 삶의 방식에 대한 소박한 긍정일 수도 있으며. 냉혹한 일상에서 시간의 흐름에 따라 속절없이 마모되어가는 삶에 대한 우울과 공포와 그에 대한 회피로 비춰질 수도 있다. 그런 까닭에 나 밖의 '타자를 수용'하고 '하나 되기'의 삶에 대한 시인의 태도는 왕왕 '연애시'로 형상화되기도 한다. 그의 시에서 '사랑'의 감정은 사소한 개인적 차원의 '나'로부터 출발하여 가족과 이웃, 마을로 확장되다가 다시 자신의 반경으로 회귀한다. 물론 여기서 회귀는 현사실적인 실존으로부터 보편적인 존재로 확장된 '존재' 물음 끝에 얻어진 결과이다.

가령, 「몽산포」나 「오토캠핑장에서의 하룻밤」, 「꽃지」에서 남녀 간의 사랑과 이별을 노래했다면, 「새우젓란」에서 시인은 어머니의 유품 가운데 새우젓을 둘러두던 독(돌)을 발견하고 자식들을 품어 안아 키워냈던 어머니의 사랑을 새삼 상기하며 '새우젓란'으로 이름을 붙인다. 이 외에도 「무량사 5층 석탑」에서도 어머니에 대한 사랑을 문득문득 상기한다든가 「시름이 고개」, 「아버지」, 「쉐다곤 탑」 등에서도 아버지에 대한 사랑과 그리움을 지속적으로 노래하기도 한다. 그러나 시인은 이 일련의 지극히 개별적인 차원의 그리움의 노래에서 한 걸음 더 나아가 보편적인 인간 이해를 경유하는 자기회귀의 기나긴 도정으로 나아가고자 한다. 그 도정이 자신의 삶을 새롭게 건축하는 일이라면, 시를 읽고 쓰는 일이 그가 택한 한 방편이 아닐까 한다.

나는 이제 말의 일용직 노동자
매일
시(詩)의 공사 현장에 출근한다

낱말 가득 채운 질통 지고 들어서면
새로 낯 익힌
권 씨, 김 씨, 양 씨, 류 씨
벌써 설계도 펼쳐놓고 심각하다

신축인지 증축인지 개축인지 재건축인지
모래와 자갈을 섞고, 물 붓고, 반죽하고
벽돌 쌓고 창문 내고 지붕 올리며 분주하다

질통 속에 숨겨온 내 평생의 비린내도 누린내도
어디서 실낱같이 흘러온 풋내도 꽃향기도
다북다북 섞여드는 시민대학 401호 강의실

완공한 집 한 채 아직 없지만

매일 수십 채의 성채를 지었다 허무는

내 시의 공사 현장

—「401호 강의실」 전문

앞에서 언급했듯이, 시인은 '비일상적 체험'에서 자연과 사물과 세계의 은폐된 배후, 레알리타스(realitas)를 만나는 존재다. 시인의 '비상한 체험'이란 반복성과 순환성을 특징으로 하는 일상성을 벗어난 상태를 체험하는 것이다. 하이데거는 예술, 그중에서도 시(詩)야말로 존재의 진리가 일어나는 장이라고 말한다. 삶의 유형이 어떠한 것이든 인간의 모든 사유와 행위는 그 근원에서 '고향'에 거주하고자 하는 내적인 충동을 갖는다. '고향'의 사전적 의미는 '태어나 자라난 곳 혹은 늘 마음으로 그리워하거나 정답게 느끼는 곳'이지만, 자신이 나고 자란 곳 뿐만 아니라 인간의 사상, 감정, 도덕, 풍속 분위기 등을 이루는 정신적 고향의 세계, 그리고 형이상학적인 '원시 고향' 역시도 "존재 자체의 근저"로서 고향이라 할 수 있다. 이런 맥락에서 「대숲」 앞에 선 시인의 시선이 '대숲' 너머의 존재론적 근원과 마주 대면하고 있던 것처럼, 시인은 '401호 강의실'에서의 시와의 만남, 시 쓰기를 통해 아득히 먼 저편의 존재론적 시원, 존재의 고향에 다다르고자 한다.

그 작업이란 잡담과 호기심에 매몰된 일상이 아니라 일상적인 가능성에 대한 집착을 벗어나 자신의 본래적인 존재의 집을 짓는 것이다. 그가 살아온 "비린내"와 "누린내"에 더하여 그가 만나는 언어의 향기를 입혀 짓는 집이다. 물론 그가 살아온 삶에 더하여 건축하는 집이 증축일지, 일부를 허물고 재건축을 할지, 모든 것을 작파하고 새롭게 신축할지 알 수는 없는 일이다, 부디 그가 만나는 시적 언어들이 근원적인 세계와 사물이 갖는 풍요로움과 충만함으로 그의 아름다운 건축을 돕기를 바라며, 그의 첫 시집 『진주조개잡이』의 출간을 진심으로 축하해 마지않는다.

심지시선 051
진주조개잡이

2024년 12월 30일 초판 1쇄 발행

지은이 정원기
펴낸이 윤영진
기획편집 함순례
홍 보 한천규
펴낸곳 도서출판 심지
등록 제 2003-000014호
주소 34570 대전광역시 동구 대전천북로 12
전화 042 635 9942
팩스 042 635 9941
전자우편 simji42@hanmail.net
ⓒ정원기 2024
ISBN 978-89-6627-263-1 03810

* 저자와의 협의에 의해 인지를 생략합니다.
* 이 책 내용의 전부 또는 일부를 재사용하려면 저자와 심지 양측의
  동의를 받아야 합니다.
* 이 책은 대전광역시, 대전문화재단에서 사업비 일부를 지원 받았습니다.

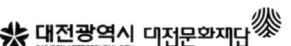